MÁRIO MASCARENHAS

MÉTODO RÁPIDO PARA TOCAR TECLADO

DE OUVIDO E POR MÚSICA

2º VOLUME

SOLOS PARA TECLADO

Nº Cat.: 332-M

Irmãos Vitale Editores Ltda.
vitale.com.br
Rua Raposo Tavares, 85   São Paulo SP
CEP: 04704-110   editora@vitale.com.br   Tel.: 11 5081-9499

© Copyright 1993 by Irmãos Vitale Editores Ltda. - São Paulo - Rio de Janeiro - Brasil.
Todos os direitos autorais reservados para todos os países. *All rights reserved.*

O que mais amo na minha vida é a Música... depois de Deus!

Mário Mascarenhas

Agradecimentos

À proprietária de "A Guitarra de Prata Instrumentos de Música Ltda.", Sra. Leila Farias e seu filho Ivan Farias, que tão gentilmente cederam o instrumento para a fotografia da capa deste livro.

Ao Sr. Diretor Gerente da Yamaha Musical do Brasil LTDA., Akira Uchigaki, meus agradecimentos pela autorização do uso da marca Yamaha na foto exposta na capa deste "MÉTODO RÁPIDO PARA TOCAR TECLADO".

Mário Mascarenhas

Créditos

Editoração Eletrônica de Partituras: Luciano Alves/ L. A. Produções Artísticas
Desenhos Computadorizados: Ana Maria Santos Peixoto
Foto da Capa: Foto Marconi
Mãos de Mário Mascarenhas na Foto da Capa
Revisão: Maestro Enzo Pietro Riccio e Mário Mascarenhas

Prefácio

O Teclado é a "Coqueluche" do momento!

No 1º Volume do "Método Rápido para Tocar Teclado" você aprendeu os conhecimentos básicos de Teoria Musical e como usar o instrumento com seus recursos de Registros Eletrônicos. Aprendeu também as primeiras notas de Ouvido e por Música e tocou muitas peças musicais bonitas e interessantes.

Agora apresento o 2º Volume, que é completamente diferente do 1º, pois não tem lições de Teoria Musical nem Exercícios ou Escalas. Por isso seu título é: Método Rápido para Tocar Teclado - SOLOS PARA TECLADO, que quer dizer, só tem músicas. Elas são tão lindas, que mais parecem um "Arco-Íris de Sons" e certamente irão agradar aos tecladistas e a todos que as ouvirem.

Quisera eu ser um mágico, para que pudesse fazer todo mundo tocar e enveredar pela Linguagem Universal da Música!

Ao longo das minhas experiências vividas como professor de música, ouvi queixas de meus alunos e amigos, dizendo-me que jamais tiveram oportunidade de aprender música na infância, mais tarde impedidos pelo trabalho ou por falta de alguém que os estimulassem. Hoje, dizem eles, encontram-se frustrados por não tocarem nenhum instrumento.

Mas eu lhes digo que não concordo, que acabem com esta frustração, pois poderão realizar o seu lindo sonho, tocando todas as belas músicas destes dois livros.

Quantos gênios, quantos grandes artistas e bons músicos já se perderam por aí, por não terem tido oportunidade de aprender música. Eles também queriam exprimir através de sons, tudo o que sentiam de puro e de belo nos seus corações sentimentais.

Diante da beleza deste novo instrumento, que é o Teclado, e do que foi exposto acima, você pode tocar também, mas diga para você mesmo: "Eu quero, eu posso, eu vou conseguir!"

Mário Mascarenhas

Índice das Músicas

COMO PREPARAR OS REGISTROS DO TECLADO 5

ADÁGIO EM SOL MENOR - Tomaso Albinone 26

AVE MARIA - Charles Gounod 12

BACHIANA BRASILEIRA Nº 5 - Heitor Villa Lobos 56

BERCEUSE - Canção de Ninar - J. Brahms 16

CLAIR DE LUNE - Claude Debussy 24

CONCERTO Nº 1 - Opus 23 - Tema - P. Tchaikowsky 22

CONCERTO Nº 2 - Tema - S. Rachmaninoff 54

DICIONÁRIO DE ACORDES CIFRADOS PARA TECLADO 60

DICIONÁRIO DE RITMOS BÁSICOS POPULARES 58

GOLPE DE MESTRE - The Enternainer - Scott Joplin 52

HABANERA - Da Ópera Carmen - G. Bizet 36

HI - LILI - HI - LO - Letra de Helen Deutsch e Música de Bronislau Kaper 20

JESUS, ALEGRIA DOS HOMENS - J. S. Bach 55

LA BARCA - Bolero - Roberto Cantoral 38

LA PALOMA - Habanera - S. de Yradier 17

MARCHA NUPCIAL - F. Mendelssohn 8

MARCHA NUPCIAL - R. Wagner 9

MY WAY - A Minha Vida - Letra em inglês de Paul Anka e em português de P. S. Valle e E. Lages,
Música de C. François e G. Thibault 32

NEW YORK, NEW YORK - Letra de Fred Ebb e Música de John Kander 48

NOITE FELIZ - Franz Gruber 6

NOTURNO - Opus 9 nº 2 - Frederich Chopin 14

O CANTO DA CIDADE - Samba Reggae - Tote Gira e Daniela Mercury 44

Ó SOLE MIO - E. di Capua e G. Capurro 23

OLD MAN RIVER - O Velho Homem do Rio - J. Kern 18

PARABÉNS PRA VOCÊ - Mildred J. Hill 6

PAZ NA CAMA - Sertaneja - Edson Mello e Rhael 30

PRELÚDIO - Opus 28 nº 7 - Frederich Chopin 21

RÊVE D'AMOUR - Sonho de Amor - Franz Liszt 10

ROMANCE DE AMOR - Antonio Rovira 28

SINGING IN THE RAIN - Letra de Arthur Fred e Nacio Herb Brown 41

TEARS IN HEAVEN - Eric Clapton 34

THE SHADOW OF YOUR SMILE - Johny Mandel 40

UNCHAINED MELODY - A North e H. Zaret 46

WATH A WONDERFUL WORLD - George David Weiss e Bob Thide 50

ZORBA'S DANCE - Mikis Theodorabis 42

Como preparar os Registros do Teclado

Uma aula de Programação!

Uma programação bem preparada antes de tocar cada música, é o sucesso de sua execução. Observe a finalidade de cada Registro na relação abaixo e experimente, calmamente, só na mão esquerda. Quando tudo estiver programado, então comece a tocar a Melodia na mão direita.

Registro de Bateria Eletrônica (Ritmos) - Procure no Painel de Ritmos, aquele que você deseja: *Swing*, Balada, *Pop*, *Waltz*, etc. Toque aumentando ou diminuindo o Andamento até chegar ao Tempo ideal.

Registro de Instrumentos - Selecione no Painel de Instrumentos, qual o que você quer tocar: Órgão, Piano, Saxofone, Guitarra, Violão, etc. Marque o escolhido no Digitador de Números.

Acordes Parados - Quer dizer que você deve tocar todas as notas dos Acordes simultaneamente, prendendo-as ou pressionando-as até aparecer a próxima Cifra.

Registro de Baixos Automáticos - É um recurso do Teclado, que produz os baixos correspondentes a cada Acorde, mudando-os de acordo com o novo Acorde que venha a aparecer. No programa do Teclado, geralmente, os Baixos são Alternados com terças ou quintas dos Acordes.

Controle de Tempo - Cada instrumento traz uma chave para o Tempo (Velocidade, *Speed* ou Andamento). Execute o Tempo bem lento até chegar à velocidade desejada. Faça isto só na mão esquerda, antes de tocar a Melodia. Depois junte-as, procurando tocar com o Ritmo da Bateria.

Controle de Volume - Há uma chave para o *Main Volume* que possibilita aumentar ou diminuir o som do instrumento à sua vontade.

Nota - Depois de acabar a sua programação, toque com sentimento. Sem uma bela interpretação, sua música não o emocionará e nem tocará os corações dos que a ouvirem.

MÚSICAS PARA FESTIVIDADES

Parabéns pra Você

(Happy Birthday)

MILDRED J. HILL
PATTY S. HILL

© Copyright by SUMMY BICHARD MUSIC/ WARNER CHAPPELL EDIÇÕES MUSICAIS LTDA.

Noite Feliz

FRANZ GRUBER

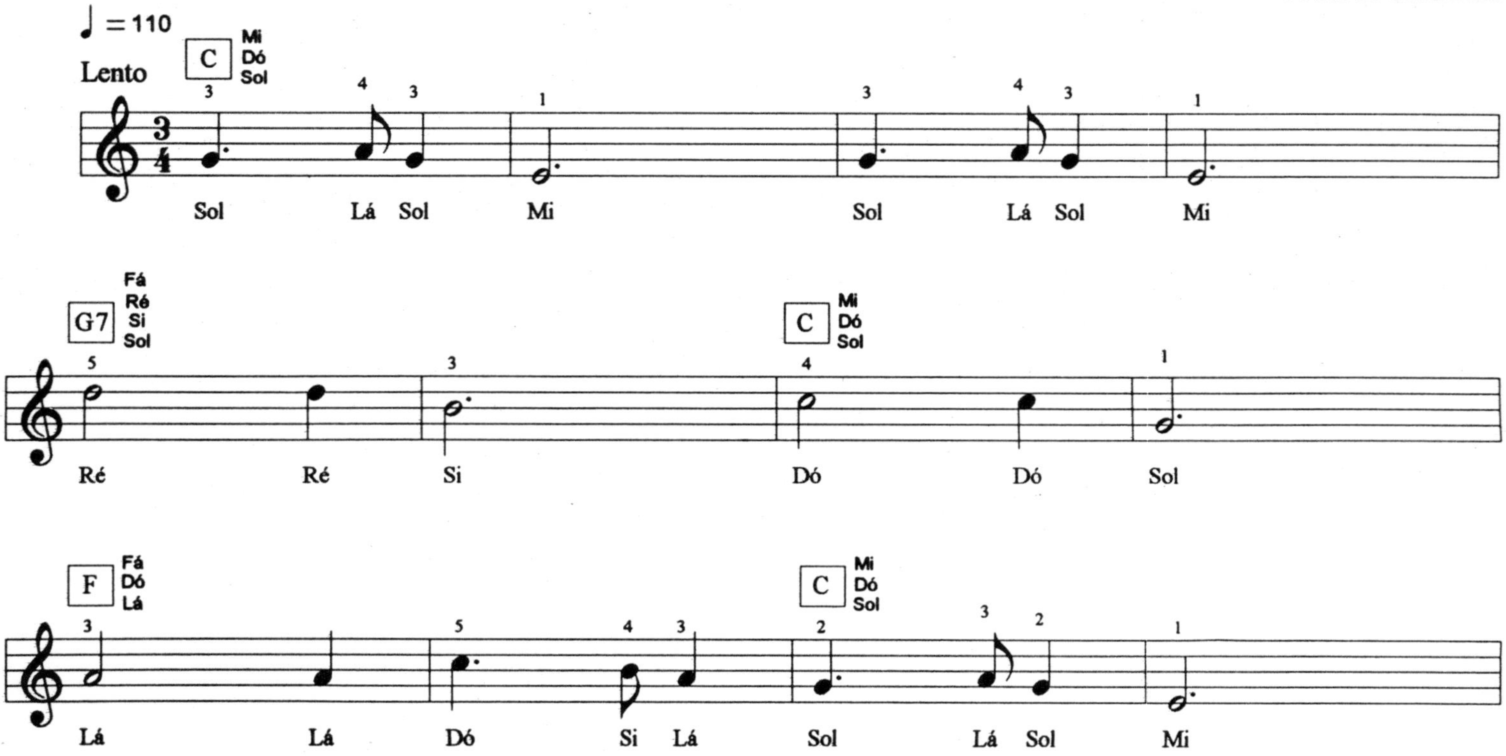

Sugestões de Registro

Impossível seria preparar "Sugestões de Registro" iguais para todas as marcas de Teclado, pois cada um tem uma programação diferente. O melhor é o executante observar e orientar-se pelas "Sugestões de Registros" apresentadas em cada música neste livro. Se seu instrumento não tiver os registros das sugestões indicadas, deverá criar a seu critério outras combinações, sempre procurando aproximar-se das indicadas neste método.

O ideal é guiar-se pelo Manual que acompanha o instrumento de cada fabricante, pois cada um tem o seu sistema diferente.

Sobre a Dinâmica das Músicas

Chamamos de Dinâmica, a todos os termos escritos nas partituras, indicando as nuances de interpretação de uma peça musical. A Dinâmica pode estar relacionada ao Volume de um trecho musical (*piano, pianíssimo, mezzo-forte, fortíssimo,* etc.) ou às diferenças de Andamento de uma nota ou grupo de notas (*fermata, acellerando, rallentando, sforzando,* etc). No Teclado, só podemos interpretar as nuances de Dinâmica de Andamento quando o Teclado "Vira" piano, ou seja, quando a bateria eletrônica (Registro de Ritmo) está desligada.

A maioria das músicas deste método é para ser executada com Registro de Ritmo, mas se desejar, pode desligá-lo, e interpretá-la como Piano, passando a valer todas os termos de Dinâmica escritos em cada música.

Marcha Nupcial

Desligar Ritmos e
Baixos Automáticos
Usar Registro de
Órgão

N.C. quer dizer "sem os acordes".

F. MENDELSSOHN

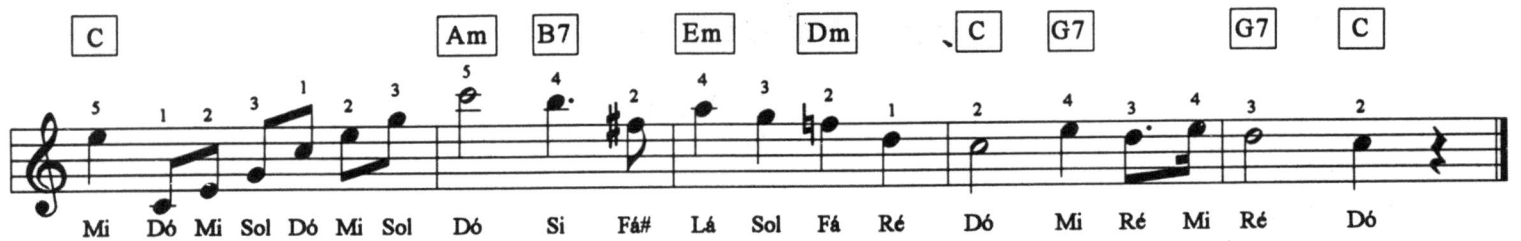

Marcha Nupcial

Desligar Ritmos e Baixos Automáticos Usar Registro de Órgão

R. WAGNER

D.C. ao FIM quer dizer "voltar ao princípio" até a palavra FIM.

As Notas na minha Imaginação!

    Para mim, as notas musicais nada mais são do que bonequinhos de um "Teatrinho de Marionetes", presos por fios de barbantes imaginários nas pontas de meus dedos, com os quais os faço pular, dançar e cantar, só com a força do meu pensamento!

Mário Mascarenhas

Ave Maria

Desligar Ritmos e Baixos Automáticos Usar Registro de Órgão

Como tocar a Introdução, veja no rodapé da página seguinte.

CHARLES GOUNOD

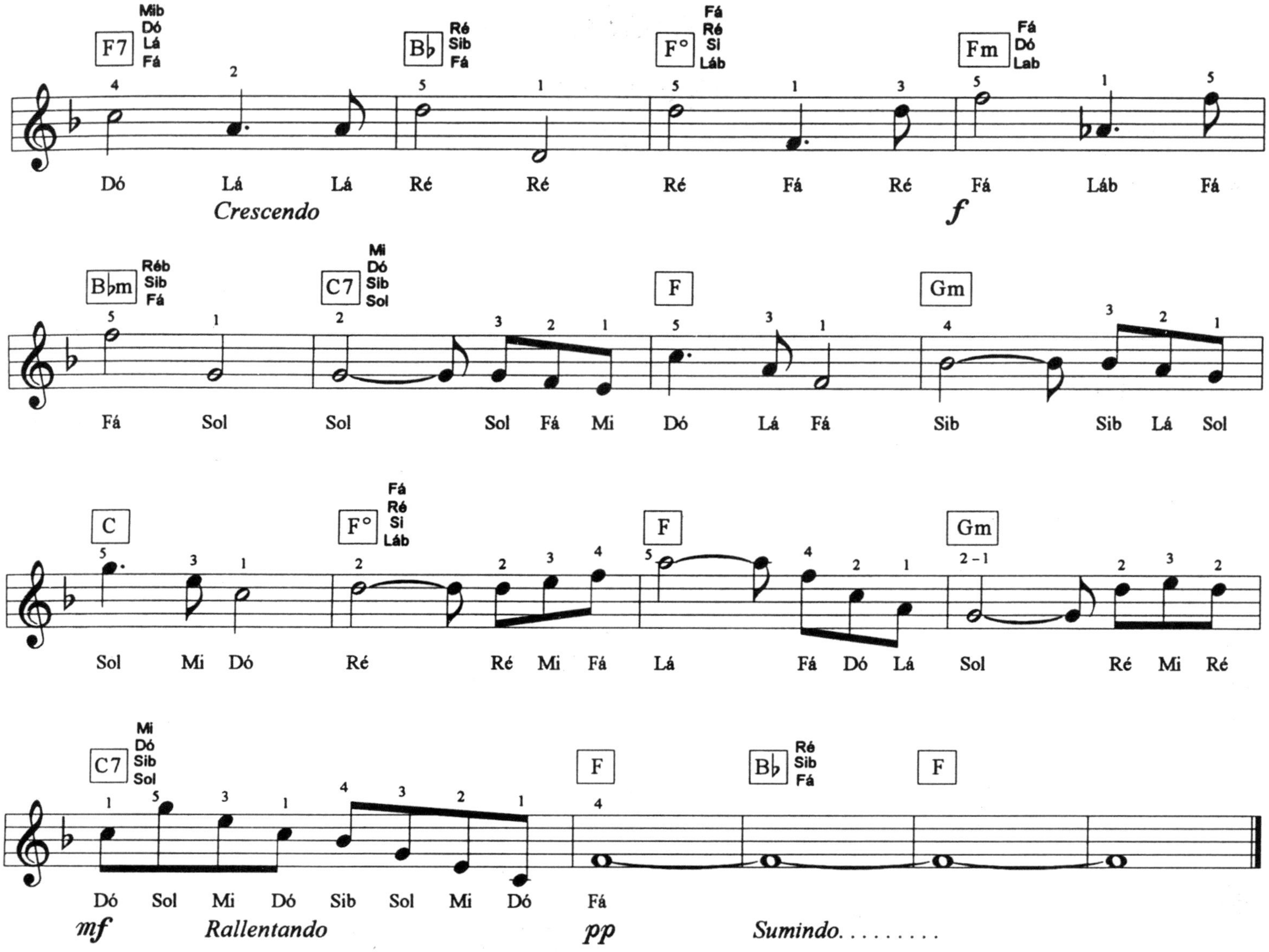

Os 4 compassos da Introdução

Nos primeiros compassos da Introdução, as notas que estão em cima das Pausas indicadas por uma seta, são as Notas Simples e não Acordes, e devem ser tocadas com a mão esquerda. Conte 8 notas à esquerda do Dó Central e terá o Dó 8ª abaixo, que já pertence à Região do Acompanhamento.

Dedos	5	4	3	2	1	3	2	1
Mão esquerda	Dó	Ré	Mi	Fá	Sol	Lá	Si	Dó
	↗ 8ª abaixo							↗ Dó Central

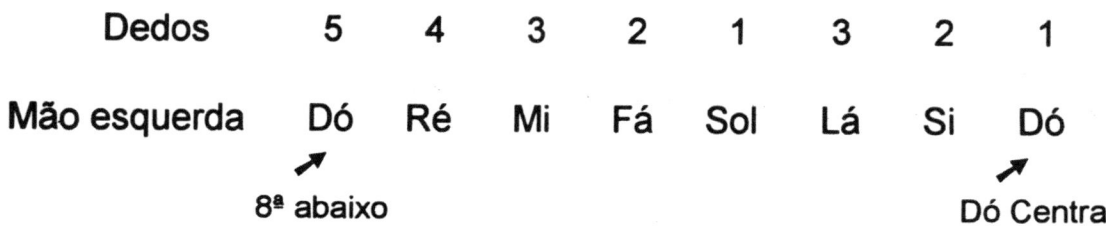

Para tocar os 4 compassos da Introdução é necessário que você desligue o Registro de Ritmos e o de Baixos Automáticos.

Quando o Teclado "Vira" Piano, as notas soam simples e não com Acordes.

Como o Principiante deve Estudar

Segue abaixo a maneira de preparar a Programação.

1. Selecione no Painel do Instrumento, qual o que você quer tocar: Órgão, Saxofone, Guitarra, Strings (Cordas), etc. Marque o escolhido no Digitador de Instrumentos.
2. Selecione no Painel da Bateria Eletrônica, o ritmo que você deseja: Swing, Balada, Pop, Waltz (Valsa), etc. Toque aumentando e diminuindo o Andamento até chegar ao Tempo ideal.
3. Ligue o Registro de Baixos Automáticos junto com o Ritmo e toque um acorde qualquer para experimentar.
4. Estando tudo isto bem preparado na mão esquerda, então treine devagar a Melodia na mão direita, obedecendo rigorosamente o dedilhado. Quando sentir que a Melodia está bem segura, procure encaixar as duas mãos, acelerando pouco a pouco até chegar ao Andamento certo. Depois regule o botão do Volume e toque tudo junto.

Você verá como vai tocar bonito e irá sentir-se como um "Pescador de Pérolas" quando encontra uma pequena ostra trazendo uma jóia preciosa, que neste caso, é a Música!

SOLOS PARA TECLADOS
Berceuse
Canção de Ninar

J. BRAHMS

Solo: Celesta
Ritmo: Waltz
Acordes Parados
Baixos Automáticos

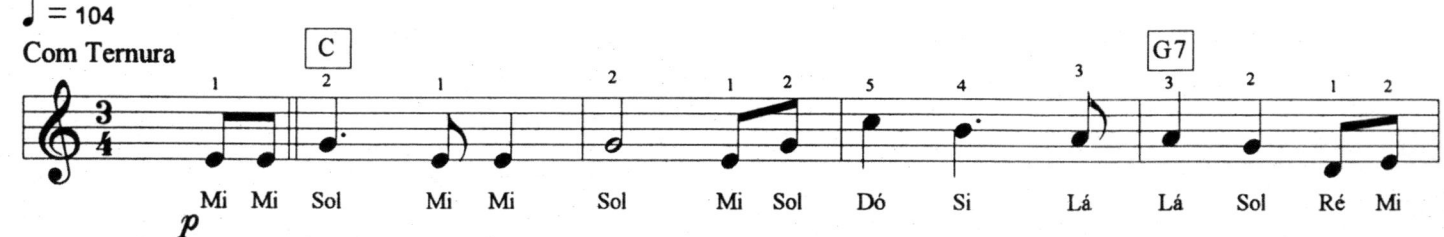

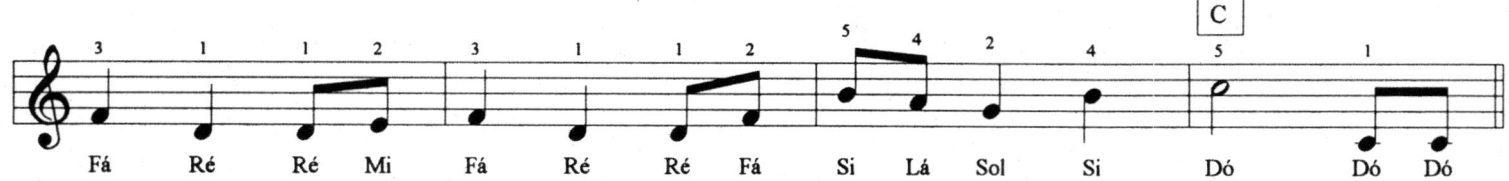

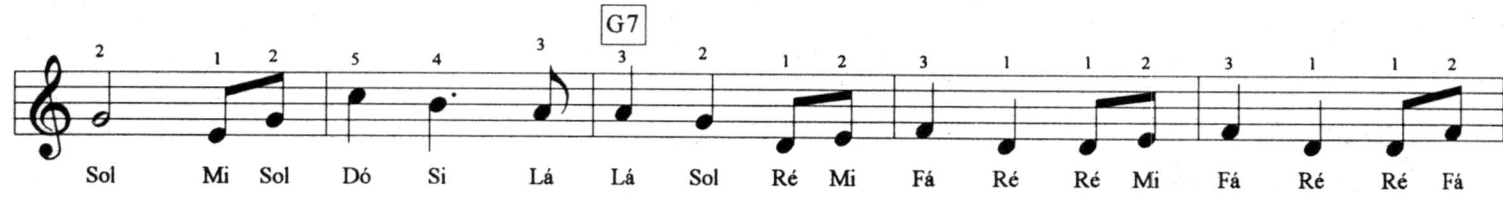

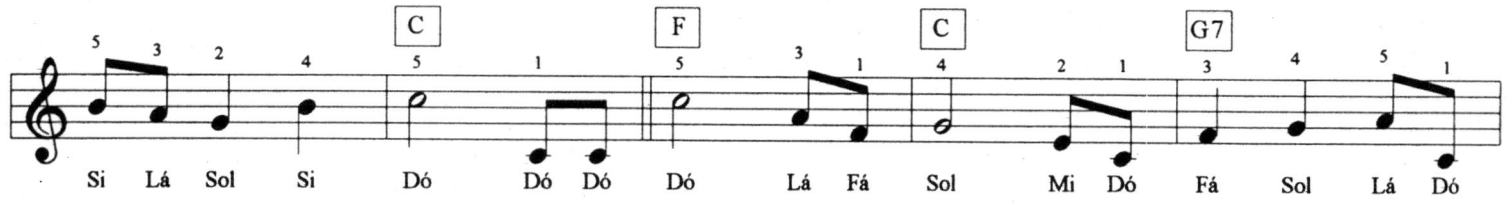

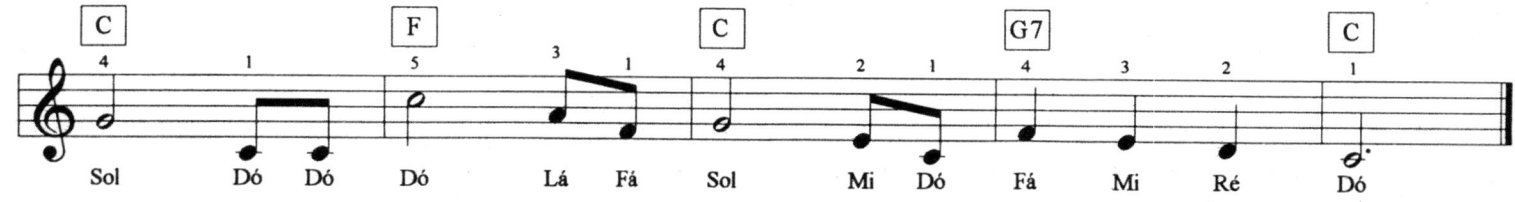

Esta música foi inspirada no trabalho dos negros escravos dos Estados Unidos, nas famosas colheitas do algodão.

Eles trabalhavam toda a vida até que suas cabeças ficassem brancas como flocos de algodão.

E segundo a lenda, o Velho Homem do Rio aparecia e sumia misteriosamente, e os escravos cantavam com suas vozes bem graves: Old Man River!

Clair de Lune

(O Luar)

Solo: Piano
Ritmo: Waltz ou
Bateria Ternária
Acordes Parados
Baixos Automáticos
D.C. Strings

CLAUDE DEBUSSY

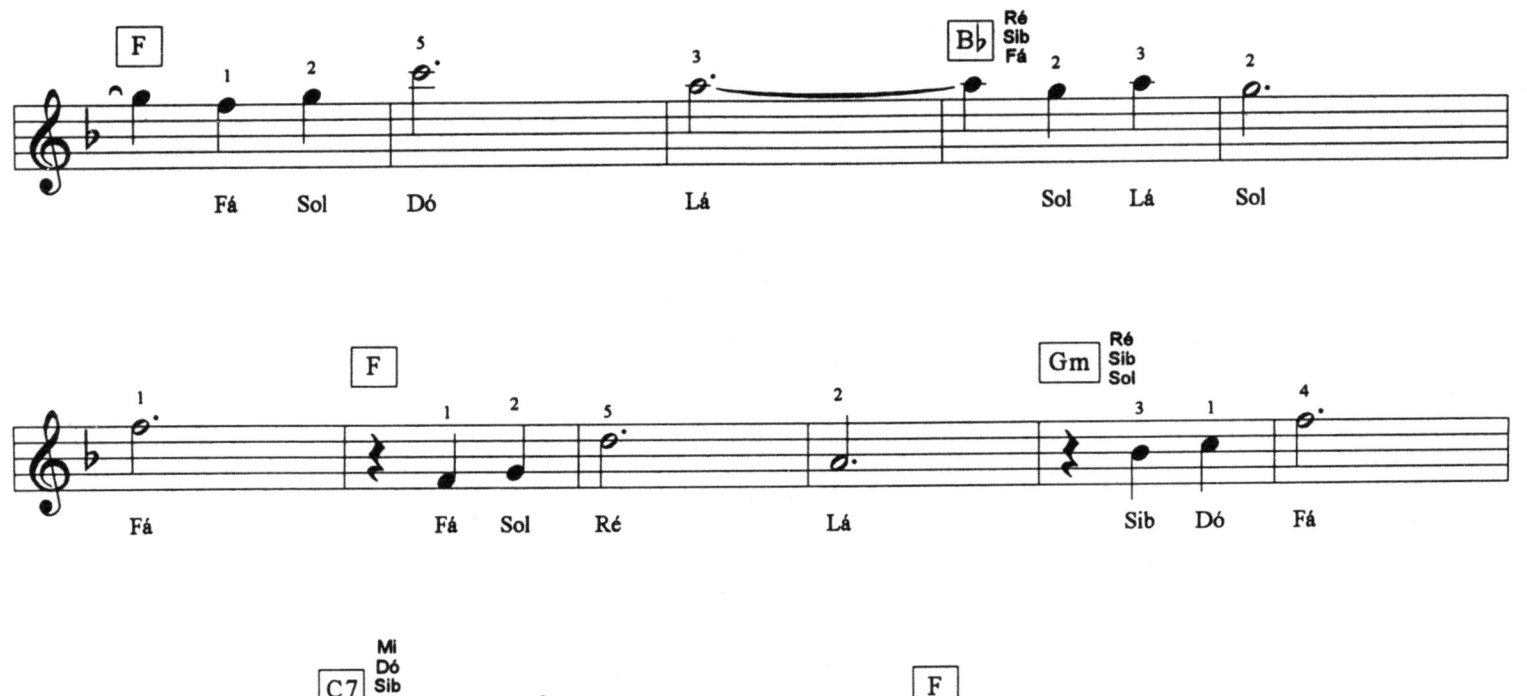

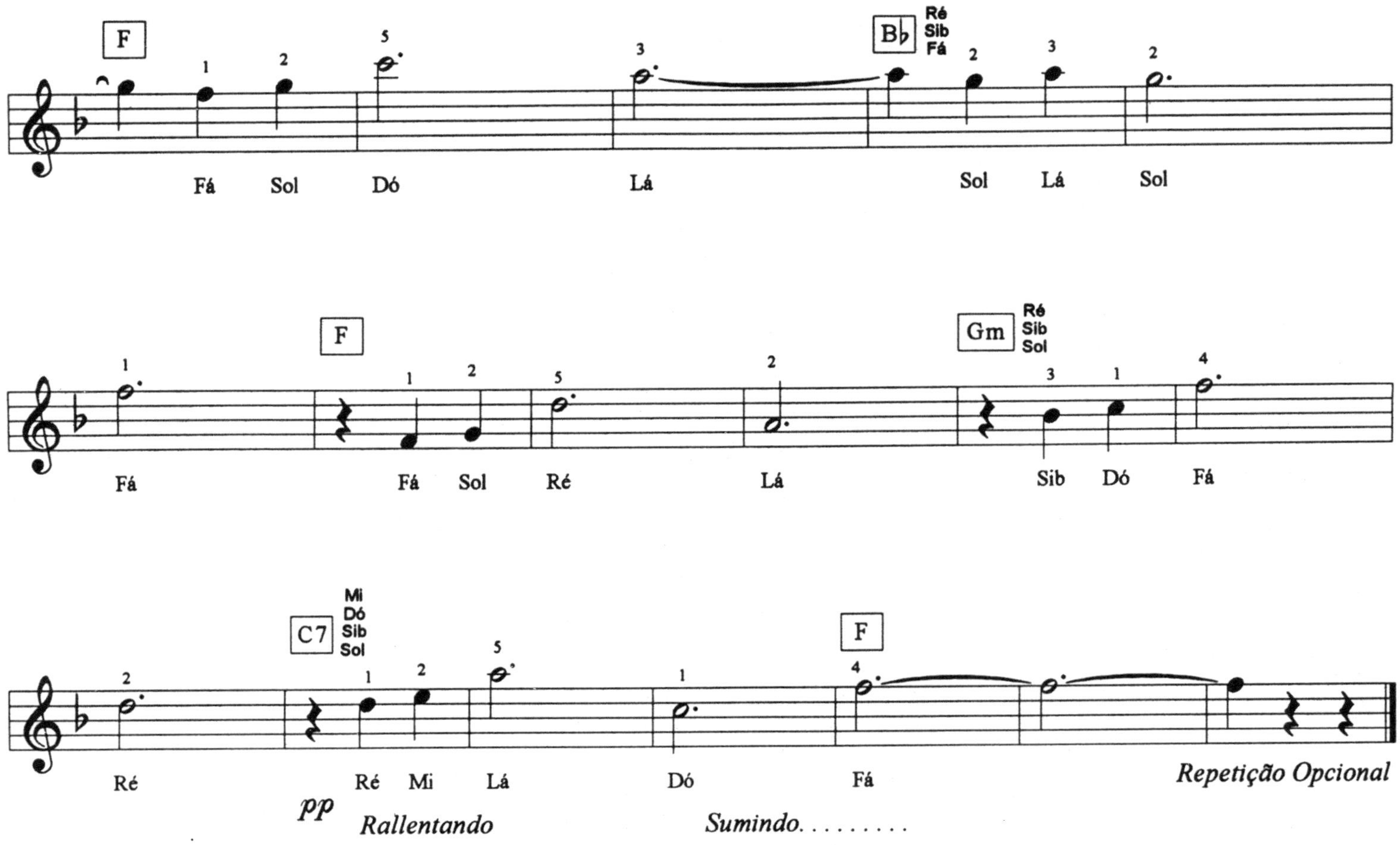

Como os pianistas tocam Teclado

Muitos pianistas profissionais executam os acordes do Acompanhamento no Teclado com os acordes do piano. Devido ao sistema que há dentro do Teclado, as notas executadas pela mão esquerda dos pianistas, apesar de muito graves, servem também para as Cifras do Teclado.

Eles geralmente executam os acordes no Estado Fundamental ou nas duas Inversões porque tocam desde o primeiro Dó à esquerda, onde começam as teclas do Teclado, até o Fá, que é a última nota da Região Permitida para o Acompanhamento.

Como marcar o número do Ritmo no Digitador

Em quase todos os Teclados há uma lista demonstrando todos os Ritmos, com números de referência: Swing 26, etc.

No Quadro Digitador de Números, você tem que marcar dois números: se é 26, marque primeiro o 2 e depois o 6.

Adágio em Sol Menor

Música Barroca

TOMASO ALBINONE

História das Cifras

As cifras se originam da Grécia desde a Idade Média quando denominaram cada nota através do Alfabeto Grego. A partir de então, as notas representadas pelo Alfabeto Grego foram indicadas cada uma por letras do alfabeto Anglo-Saxônico: A B C D E F G. Como já sabemos, na lingua latina as notas são representadas por sílabas: Dó Ré Mi Fá Sol Lá Si.

Homenagem aos Violonistas Brasileiros

Ao selecionar as peças musicais que deveriam constar no repertório deste 2º Volume, incluí o "Romance de Amor", peça célebre para Violão, sempre executada por Violonistas Profissionais, Professores e Estudantes.

Assim sendo, elaborei esta transcrição para Teclado e coloquei-a no livro como uma sincera homenagem a todos os Violonistas do Brasil.

O Teclado, este magnífico instrumento, harmonioso e calmo, devido à sua facilidade de execução e à beleza de seus Registros Eletrônicos, está apaixonando e encantando a todos.

O Violão fala! O Violão chora! O Violão consola! Ele agrada a qualquer um, tanto na Escola Tradicional Clássica, ao interpretar os Grandes Mestres, como também nos mais singelos momentos musicais, onde o povo canta suas Serestas, Choros e Canções, acompanhado ao Violão.

Agora, pergunto eu, que tal a idéia de uma pequena hora de arte, executando o "Romance de Amor" num belíssimo dueto com o Teclado e as 6 cordas de um plangente violão?

Paz na Cama

Sertaneja

EDSON MELLO e RHAEL

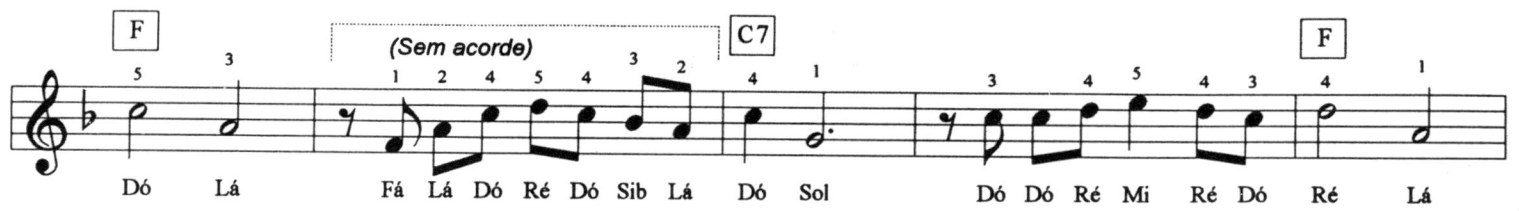
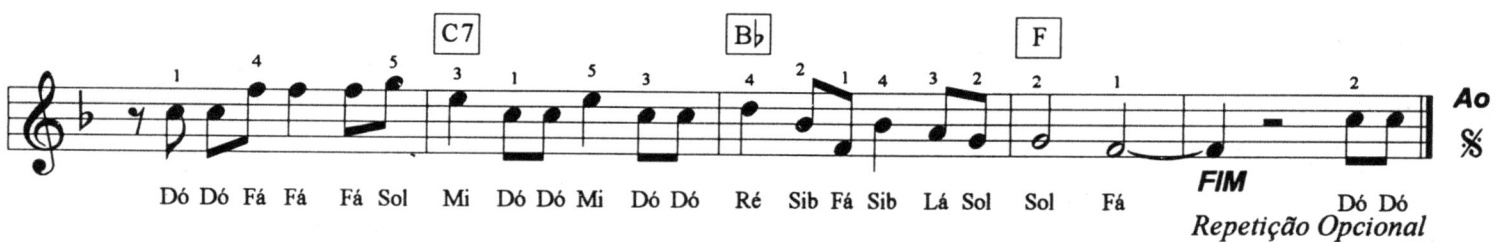

TOM - FÁ MAIOR

             F   C7
Quando alguém lhe perguntar porque voltei

                         F
Não precisa a verdade esconder

                      C7
Diga que voltei porque te amo

                   Bb
Que voltei porque te quero

            F
E sou louco por você.

    F   C7
E se alguém insistir em perguntar

                    F
Porque foi que você me aceitou

                     C7
Diga que sem mim você não vive

               Bb
E que sente a minha falta

           F
E depende desse amor.

Estribilho:

                C7
E se de dia a gente briga

             F
BIS À noite a gente se ama

                C7
E que nossas diferenças

                   Bb   F
Se acabam no quarto em cima da cama.

My Way

(Comme d'habitude)

(A Minha Vida)

Solo: Strings
Ritmo: Country
Acordes Parados
Baixos Automáticos

Letra em inglês de PAUL ANKA
Letra em português de PAULO SERGIO VALLE e
EDUARDO LAGES

Música de GILLES THIBAULT
JACQUES REVAUX e CLAUDE FRANÇOIS

© Copyright 1968 by LES NOUVELLES EDITIONS EDDIE BARCLAY/ WARNER CHAPPEL LTDA.

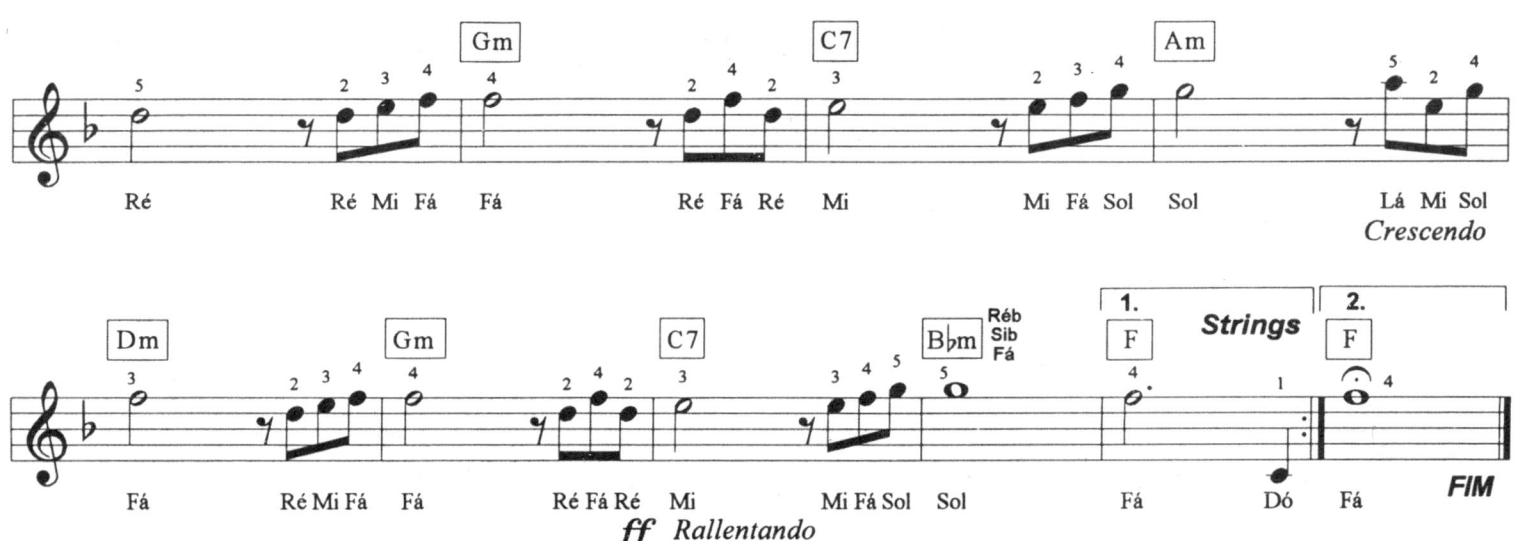

TOM - FÁ MAIOR

F   Am   Cm
Eu sei, eu aprendi, a me aceitar
D7
Do jeito que eu sou
Gm   C7
Deixei meu coração falar por mim
F
Na vida e na canção
F7   Bb
Amei até demais
Bbm
Libertei paixões contidas
F   C7
Mas fiz do meu amor
      Bbm F
A minha vi - - da.

F   Am
Sofri me maltratei
Cm   D7
Mas insisti nos mesmos erros
Gm   C7
E até na solidão eu me agarrei
      F C7
Num resto de ilusão
F7   Bb
Talvez fosse melhor
Bbm
Deixar pra trás mágoas sofridas
F   C7
Mas fiz do teu amor
      Bbm F
A minha vi - - da.

F   F7
Você não vê que eu sou assim
Bb
Meu coração é dono de mim
Gm   C7
Não quer saber se eu vou sofrer
Am   Dm
E o que vai ser se eu te perder
Gm   C7   Bbm F
Só quer fazer do teu amor a minha vi - - da.

F   Am
Tentei viver pra mim
Cm   D7
E te arrancar do pensamento
Gm
Busquei novas paixões
C7
Pra enganar
F
Meu sofrimento
F7   Bb
Voltei e hoje eu sei
Bbm
Que pra mim não tem saída
F   C7
Eu fiz do teu amor
      Bbm F
A minha vi - - da.

TOM - SOL MAIOR

*Ao 𝄋 1ª e 2ª vez. Na 3ª vez voltar ao 𝄋 com solo de 9 compassos até o sinal ⊕ passando para o sinal * até a palavra **FIM**.*

I

G   D7   Em
Would you know my name
C   G   D7
If I saw you in heaven?
G   D7   Em
Would you be the same
C   G   D7
If I saw you in heaven?

Em   B7
I must be strong
Dm   E7
And carry your cause
Am   D7
I know I don't belong
    G
Here in heaven.

G   D7   Em
Would you hold my hand
C   G   D7
If I saw you in heaven?
G   D7   Em
Would you help me stand
C   G   D7
If I saw you in heaven?

Em   B7
I'll find my way
Dm   E7
Through night and day
Am   D7
Cause I know I just can't stay
    G   D7
Here in heaven.

II

Bb   F   Gm
Time can bring you down
    C7   F   C7 Dm C
Time can bend your knees
Bb   F   G
Time can break your heart
    Bb   F
Have you beggin please
   D7
Beggin please.

Solo de 9 compassos

Em   B7
Beyond the door
Dm   E7
There's peace I'm sure
Am   D7
And I know there'll be no more
    G
Tears in heaven.

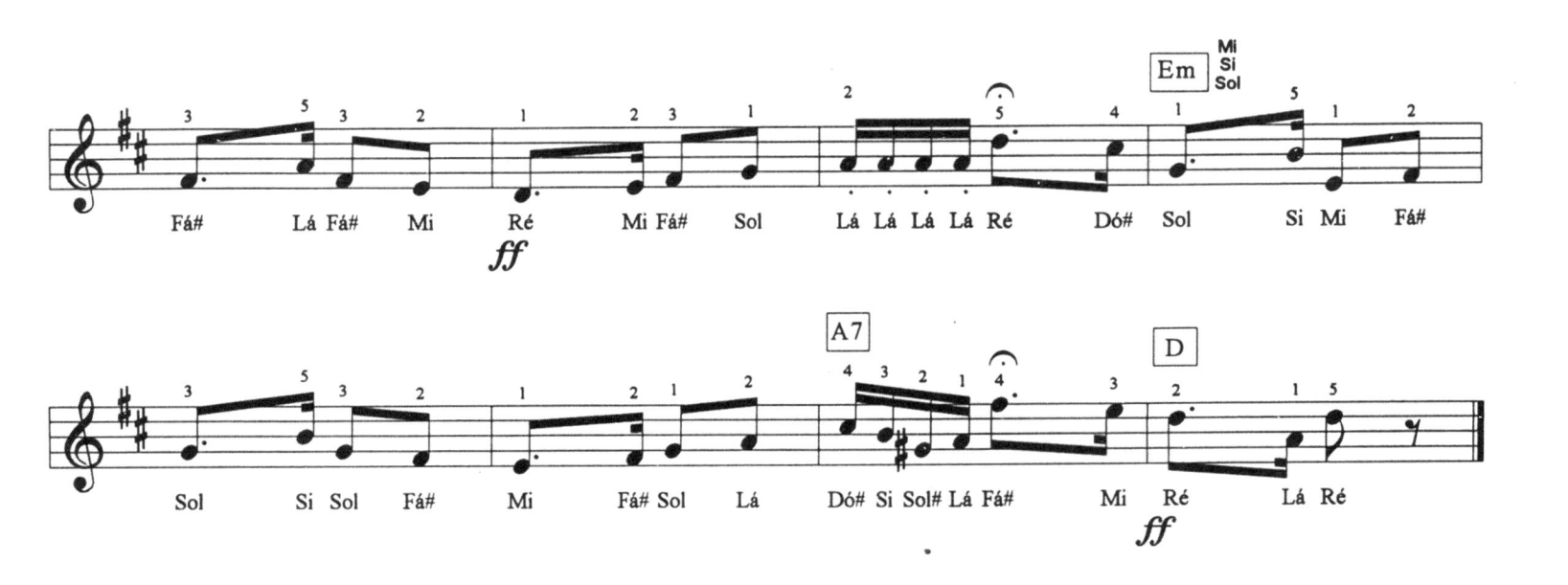

Curso Completo de Teoria Musical e Solfejo

    Sendo este 2º Volume um seguimento do 1º, é necessário explicar que sendo este, exclusivamente para "Solos para Teclados", não há lições de Teoria Musical nem Exercícios ou Escalas.

    Assim sendo, se o seu ideal é dedicar-se à Teoria Musical, o que é muito importante, aconselho adquirir o "Curso Completo de Teoria Musical e Solfejo", de Belmira Cardoso e Mário Mascarenhas, em dois volumes, e todos os segredos da Didática Musical serão desvendados!

Para as 28 Escalas Maiores e Menores

    Você que agora começa o 2º Volume, não pode deixar de tocar as 28 Escalas Maiores e Menores em duas oitavas com seus arpejos em todos os tons.

    O treino das Escalas é que vai lhe dar agilidade e domínio perfeito da colocação dos dedos nas teclas, o que chamamos de Mecanismo.

    Aconselho adquirir o 2º Volume do "Curso de Piano" de Mário Mascarenhas, pois nas páginas 24 a 37 estão as Escalas que se encontram neste livro nas duas mãos, Claves de Sol e de Fá. Você deve tocar somente na mão direita na Clave de Sol, em duas oitavas com seus arpejos correspondentes.

O Acorde de F7

    Quase sempre o acorde de F7 é Lá-Dó-Mib-Fá na 1ª inversão, conforme está no Dicionário de Acordes Cifrados Para Teclados.

    Quando ele aparece antes do Bb, dá-se preferência ao seu Estado Fundamental que é Fá-Lá-Dó-Mib, por ser mais próximo do Bb. Desta forma, não é necessário afastar muito os dedos.

La Barca

Bolero

ROBERTO CANTORAL

TOM - DÓ MAIOR

   C   Eb°   Dm
Dicen que la distancia es el olvido

G7   C
Pero yo no concibo esa razón

G7 Em   Eb°   Dm
Porque yo seguiré siendo el cautivo

Dm   G7   C
De los caprichos de tu corazón.

E7 F7   E7   Am
Supiste esclarecer mis pensamientos

D7   G
Mediste la verdad que yo soné

Dm   G7   Dm
Ahuyentaste de mi los sufrimientos

F7   E7
En la primera noche que te amé.

F7M   Fm
Hoy mi playa se viste de amargura

C   Em
Porque tu barca tiene que partir

A7 Dm   G7
A cruzar otros mares de locura

Gm   A   A5+
Cuida que no naufrague tu vivir.

F7M   Fm
Cuando la luz del sol esté apagando

Em   A7
Y te sientas cansada de vagar

Dm   G7
Piensa que yo por ti estaré esperando

Ab°   G7   C Ab7M C7M
Hasta que tu decidas regressar.

The Shadow of your Smile

(A Sombra do seu Sorriso)

Música de
JOHNNY MANDEL

Solo: Trumpet ou Saxophone
Ritmo: Swing
Acordes Parados
Baixos Automáticos

Singing in the Rain

(Cantando na Chuva)

Solo: Jazz Guitar
Ritmo: Swing
Acordes Parados
Baixos Automáticos

Letra de ARTHUR FRED

Música de NACIO HERB BROWN

♩ = 120

Zorba's Dance

Dança Grega

MIKIS THEODORABIS

Solo: Acoustic Guitar
Ritmo: Pop
Acordes Parados
Baixos Automáticos

♩ = 120
Moderato
Muito lento e calmo
p

Sempre moderato, não corra!
Segue igual

© Copyright 1965 by EMI MILLER MUSIC & EMI CATALOGUE PARTNERSHIP INC.
EMI SONGS DO BRASIL EDIÇÕES MUSICAIS LTDA.

Dança do "Quebra Pratos"

A Zorba's Dance é uma música baseada no folclore da Grécia, que consiste em certo momento os bailarinos quebrarem um a um os pratos de louça ou porcelana. É muito usada nas festas de casamentos, bodas, restaurantes e boates, onde a graça da dança é quebrar pratos. O povo vibra quando a dança é executada, seguida do ruído dos pratos quebrando-se no chão, enquanto uns dançam e outros estalam as pontas dos dedos.

O Canto da Cidade

Samba-Reggae

Solo: Acoustic Guitar
Ritmo: Reggae (podendo ser Merengue)
Acordes Parados
Baixos Automáticos

TOTE GIRA e
DANIELA MERCURY

♩ = 110

A Cor des-sa ci-da-de sou eu
Lá Lá Lá Lá Lá Lá Lá Lá Fá Sib Lá

Lá Lá Lá Lá Lá Lá Dó Sib Lá Sol *FIM* Lá Lá Fá Fá Dó Dó

Lá Sib Sol Sol Mib Mib Sib Sol Sib Lá Lá Fá Lá Sib

Sol Lá Lá Fá Fá Dó Dó Lá Sib Sol Sol Mib Mib

Sib Sol Sib Lá Lá Fá Lá Fá Lá Sib Dó Sib Lá

2. U ô ô ver-da-dei-ro a-mor
Sib Dó Sib Ré Sol Fá Fá Fá Fá Ré Sol

Ré Sib Lá Dó Dó Dó Sib Lá Sib Lá Sol Ré Sol Fá

© Copyright 1992 by SONY EDIÇÕES MUSICAIS LTDA.

TOM - FÁ MAIOR

BIS {
   F   **Eb**
A cor dessa cidade sou eu
  F   **Eb**
O canto dessa cidade é meu
}

BIS {
  F   **Am**
O gueto, a rua, a fé

 Eb   **Gm**
Eu vou rodando a pé

        F **Am** **Eb** **Gm**
Pela cidade,   bonita

  F   **Am**
O toque do afoxé

 Eb   **Gm**
E a força de onde vem

         F   **Am**
Ninguém explica

 Eb   **Gm**
Ela é bonita
}

BIS {
     Dm   **Gm**
Uôô, verdadeiro amor
     Dm   **Gm**
Uôô, você vai onde eu vou, é...
}

BIS {
 F   **Eb**
A cor dessa cidade sou eu
 F   **Eb**
O canto dessa cidade é meu
}

 F   **Am**
Não diga que não me quer

 Eb   **Gm**
Não diga que não me quer mais

 F   **Am**
Eu sou o silêncio da noite

 Eb   **Gm**
O sol da manhã

 F   **Am**
Mil voltas o mundo tem

 Eb   **Gm**
Mas tem um ponto final

 F   **Am**
Eu sou o primeiro que canta

 Eb   **Gm**
Eu sou o carnaval.

Unchained Melody

(Do outro lado da Vida)

Solo: Saxophone
Ritmo: Swing
Acordes Parados
Baixos Automáticos

A. NORTH
H. ZARET

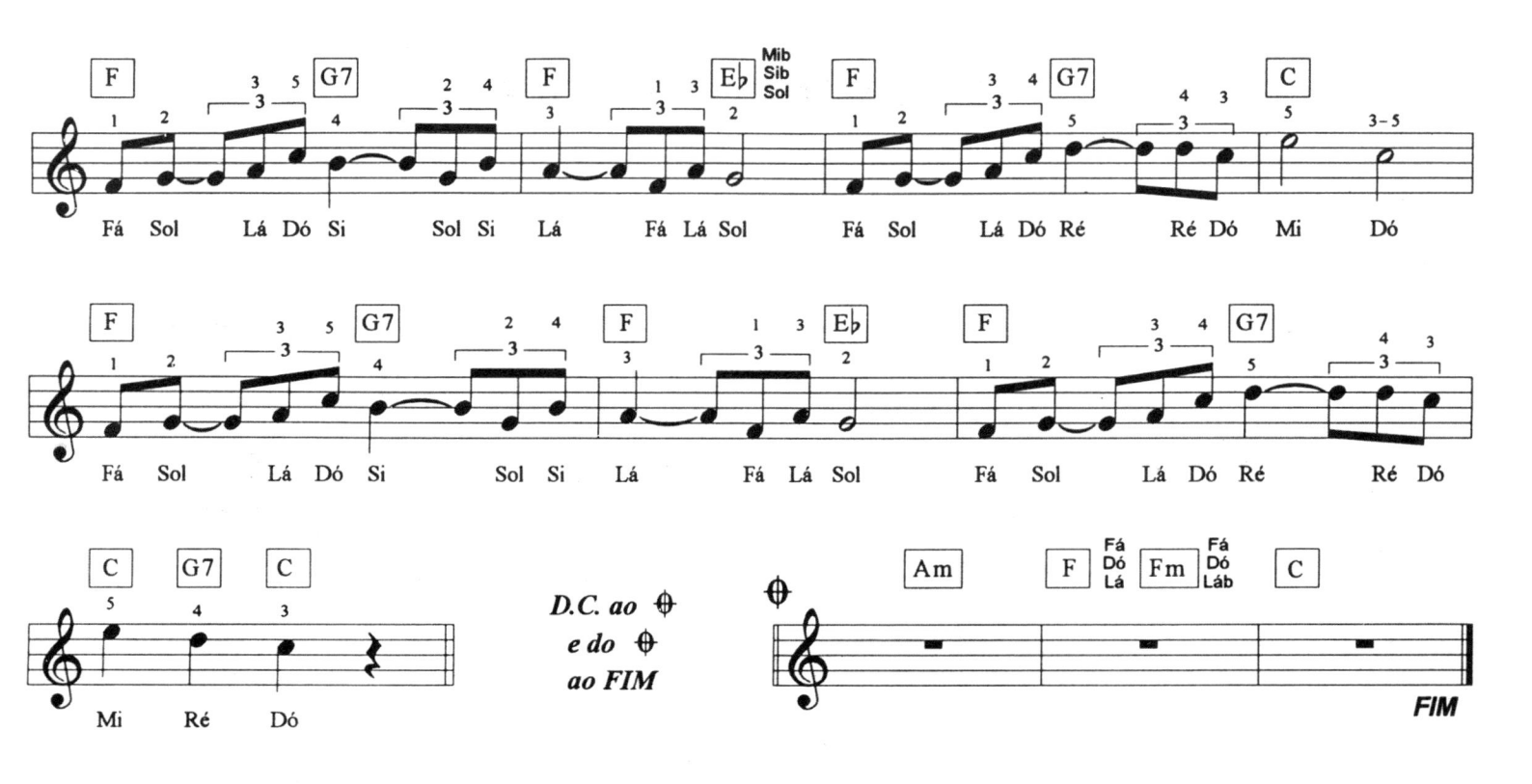

TOM - DÓ MAIOR

```
C         Am        F
Oh my love my darling
      G                  C
I've hungered for your touch
      Am         G7
Oh my love only time
C           Am      F
Time goes by so slowly
       G7            C
And time can do so much
      Am       G7
Are you still mine?

G7 C          G7
I  need your love
G7 C          G
I  need your love
Am Em
I  I need your love
F                G7  C
God speak your love to me
```

```
C7 F              G
      Only rivers flow
          F             Eb
To the sea, to the sea
    F              G
To the open arms
              C
Of the sea yeah
     F            G
Lonely river side
           F
Wait for me
           Eb
Wait for me
  F                G
I'll comming home
           C
Wait for me
```

Cifra com outra letra embaixo

Quando você encontrar alguma Cifra com outra letra embaixo, quer dizer que a letra de cima é o Acorde e a de baixo é o Baixo.

Exemplo: D F Dm   ou   D/A C/G F/C   etc.
     F G C

New York, New York

Solo: Saxophone
Ritmo: Swing
Acordes Parados
Baixos Automáticos

Letra de FRED EBB

Música de JOHN KANDER

♩ = 108

Moderato

Escrevendo os nomes das notas ao lado das Cifras

Escreva a lápis ao lado direito de cada Cifra, os nomes das notas que a formam. Você vai ver o quanto é mais fácil tocar assim. Só depois que conhecer bem as Cifras é que não precisa escrever mais nada. Isto quer dizer que você está ficando um "Músico de Verdade"!

What a Wonderful World

(Que Mundo Maravilhoso)

Solo: Saxophone
Ritmo: Swing
Acordes Parados
Baixos Automáticos
D.C. Trumpet

Música e Letra de
GEORGE DAVID WEISS e
BOB THIDE

♩ = 85

Slowly

TOM - FÁ MAIOR

```
     F       Am      Bb      Am
I see trees of green   red roses too

Gm        F      A7        Dm
I see them bloom   for me and you

       Db
And I think to myself

Gm       C7       F    F5+  Bb  C7
What a wonderful world.
```

```
     F        Bb          Am
I hear babies cry, I watch them grow

Gm            F        A7           Dm
They'll learn much more than I'll never know

       Db          Gm       C7       F
And I think to myself  "What a wonderful world"

D7       Gm                 C7       F    Bb6 F
Yes, I think to myself "What a wonderful world".
```

```
     F       Am      Bb          Am
I see skies of blue and clouds of white,

Gm              F      A7          Dm
The bright bressed day the dark sacred night

       Db
And I think to myself

Gm       C7       F    Bb  F
What a wonderful world.
```

```
F             C7                       F
The colors of the rainbow, so pretty in the sky

     C7                          F
Are also on the faces of people going by

    Dm                   C                  C
I see friends shaking hands, saying "How do you do?"

Dm        F#°    Gm   F#°  C7
They're really saying "I   love you".
```

Golpe de Mestre

(The Entertainer)

Swing

Solo: Clarinet
Ritmo: Swing
Acordes Parados
Baixos Automáticos

SCOTT JOPLIN

Single Finger - 18 Letrinhas

Em alguns instrumentos, do lado do Acompanhamento, trazem 18 letrinhas. Segue abaixo, um teclado que foi ampliado só na parte da Região Permitida, para que se possa colocar cada letrinha na sua tecla correspondente.

Os acordes como já sabemos, não podem ultrapassar a letrinha F (Fá) que é vizinha de Sol, onde começa a Região da Melodia.

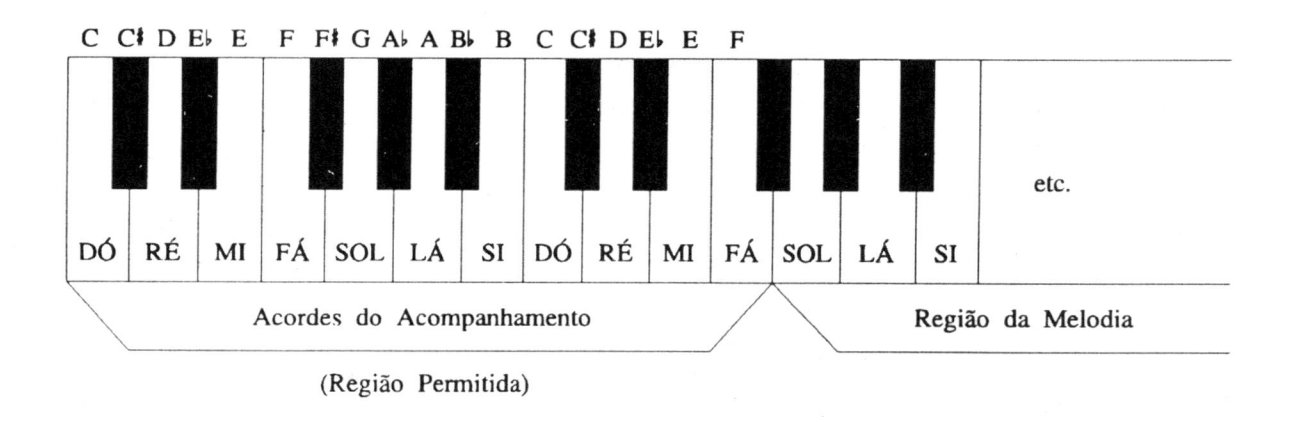

A razão de colocarem na Região Permitida, as 18 letrinhas, é porque cada letra representa um acorde que é acionado ligando-se o *Fingered* 2. Para tocar o acorde inteiro, isto é, com 3 ou 4 notas, liga-se o *Fingered* 1.

Os acordes do *Fingered* 2 são mais apropriados para ensinar criancinhas ou principiantes pois só tem 4 acordes: Maiores, Menores, 7ª da Dominante e Menores com 7ª. Os acordes Menores e de Sétima obtém-se tocando teclas brancas.

Este sistema varia dependendo do fabricante do Teclado, por isso precisa-se recorrer a cada Manual que acompanha o instrumento no ato de sua compra.

Concerto nº 2

Tema

S. RACHMANINOFF

Jesus, Alegria dos Homens

Tema do Coral da Cantata 147

Solo: Órgão
Ritmo: Waltz ou
Bateria Ternária
Acordes Parados
Baixos Automáticos

J. S. BACH

Sempre Legato — *Quiálteras até o fim*

♩ = 133
Lento

p

Sol Lá Si Ré Dó Dó Mi Ré | Ré Sol Fá# Sol Ré Si Sol Lá Si | Dó Ré Mi Ré Dó Si Lá Si Sol

Fá# Sol Lá Ré Fá# Lá Dó Si Lá | Si Sol Lá Si Ré Dó Dó Mi Ré | Ré Sol Fá# Sol Ré Si Sol Lá Si

Mi Ré Dó Si Lá Sol Ré Sol Fá# | Sol Si Ré Sol Ré Si Sol Si Ré | Fá Ré Si Sol Si Ré Mi Dó Lá

mf

Fá# Lá Dó Ré Si Sol Mi Sol Si | Dó Lá Fá# Ré Fá# Lá Dó Si Lá | Si Sol Lá Si Ré Dó Dó Mi Ré

Ré Sol Fá# Sol Ré Si Sol Lá Si | Dó Ré Mi Ré Dó Si Lá Si Sol | Fá# Sol Lá Ré Fá# Lá Dó Si Lá

Si Sol Lá Si Ré Dó Dó Mi Ré | Ré Sol Fá# Sol Ré Si Sol Lá Si | Mi Ré Dó Si Lá Sol Ré Sol Fá# Sol

p *Rallentando* *pp*

Homenagem a Heitor Villa Lobos

Não podia terminar este livro sem prestar uma justa homenagem a este consagrado compositor e regente Heitor Villa Lobos, que com suas inspiradas composições encantam o Brasil e todo o mundo.

Sinto-me feliz em incluir neste livro, uma de suas mais belas obras, a Bachiana Brasileira nº 5, que tanto sensibiliza e emociona a alma do povo brasileiro!

Bachiana Brasileira nº 5

Solo: Flauta
Ritmo: 8 Beats
Acordes Parados
Baixos Automáticos
D.C. Solo - Strings

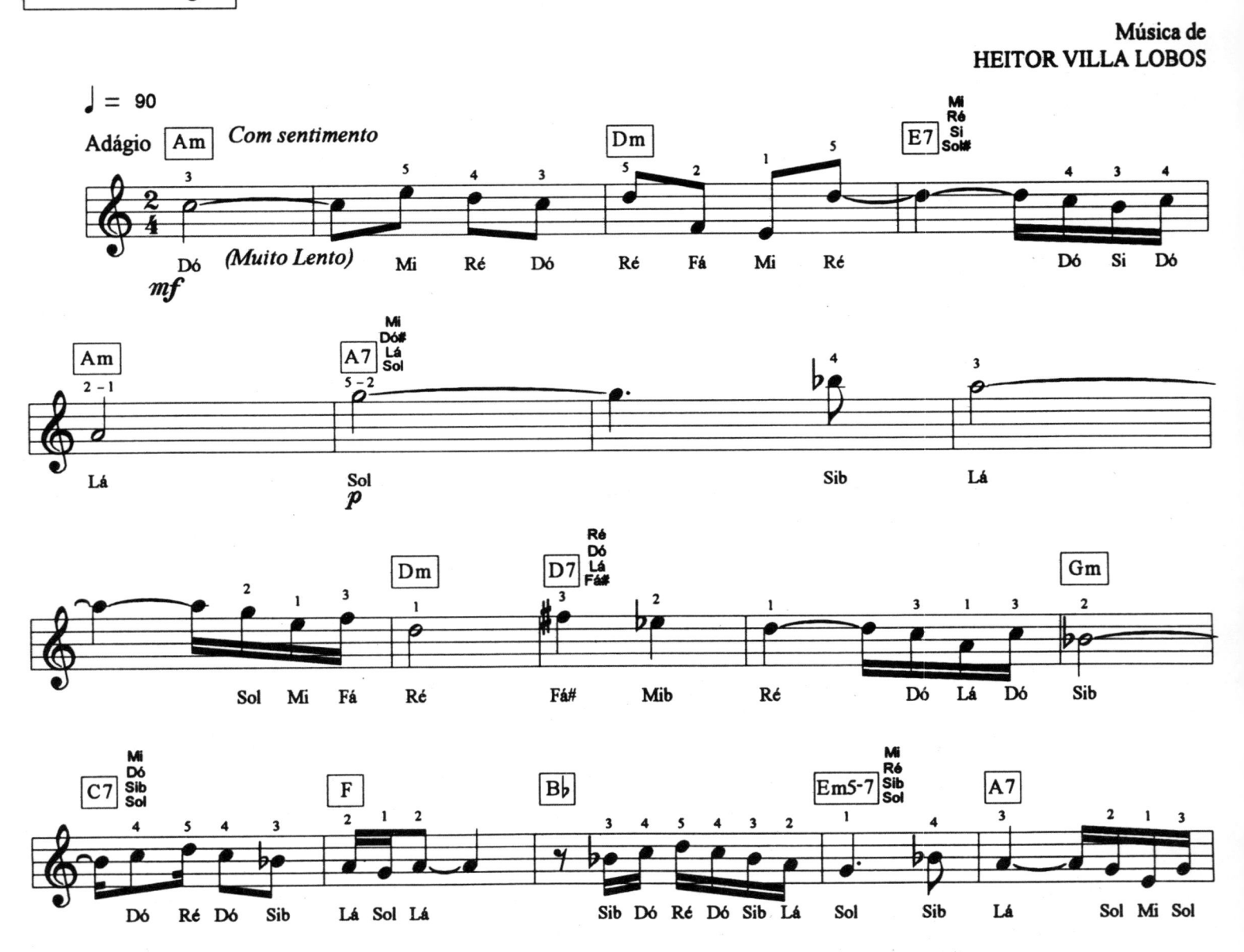

Música de
HEITOR VILLA LOBOS

© Copyright 1979 by IRMÃOS VITALE S/A IND. e COM.

As Notas sob o Controle da Mente

Agora que chegamos ao final desta obra, gostaria de deixar aqui, um bom conselho: se você nada sabe de música, forçosamente os seus dedos não sabem se localizar nas teclas. Eles só se movimentam no teclado se você comandá-los com o "Controle da Mente".

Assim sendo, aconselho quando tocar, pensar ou dizer em voz alta os nomes das notas, transmitindo aos seus dedos tudo o que eles têm que fazer. Observe rigorosamente o dedilhado, ditando com o seu pensamento, qual o dedo que deverá tocar esta ou aquela nota.

Este é um ótimo processo, porque sem este "Comando da Mente", seus dedos ficarão parados, esperando as suas ordens.

Agora estude e diga para si mesmo o que você leu no final do prefácio deste livro: eu posso, eu quero, eu vou conseguir!

Dicionário de Ritmos Básicos Populares

Estes são os Ritmos Básicos para você tocar qualquer "Batida" de Música. São inúmeros os ritmos, porém, aqui apresento os mais usados atualmente. Isto é bom também para os estrangeiros que têm uma imensa vontade de conhecer e tocar os nossos ritmos populares.

Estes ritmos apresentados são justamente "Quando o Teclado vira Piano", isto é, quando desliga-se os Registros de Ritmos e os Baixos Automáticos e você precisa executar o ritmo com a mão esquerda.

Os exemplos abaixo são todos em DÓ Maior.

Nos exemplos abaixo, os Acordes estão colocados acima da linha e os Baixos abaixo da linha. No lugar de 5 linhas, os exemplos são apresentados numa só linha, com os nomes das notas em cada Acorde ou Baixo.

VALSA
F: Fundamental e **BA**: Baixos Alternados

BAIÃO
Nos acordes que têm duas barras, chamamos de Quebradinho.

CANÇÃO

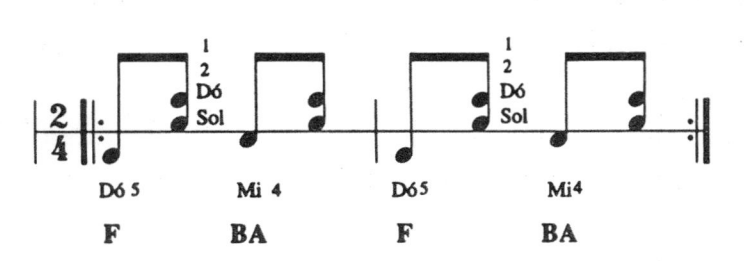

ROCK
No Rock não tem Baixos Alternados

MARCHA

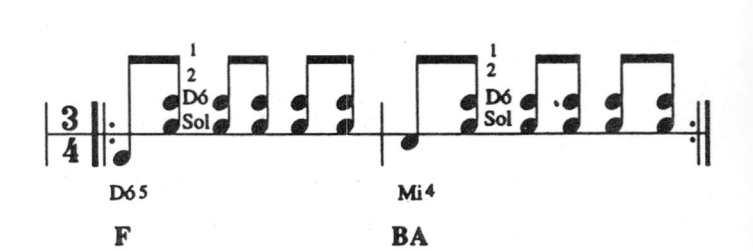

BALADA

MARCHA RANCHO

GUARÂNIA

Repare que no Ritmo de Marcha Rancho um compasso é Baião e o outro Marcha.

YÊ - YÊ - YÊ

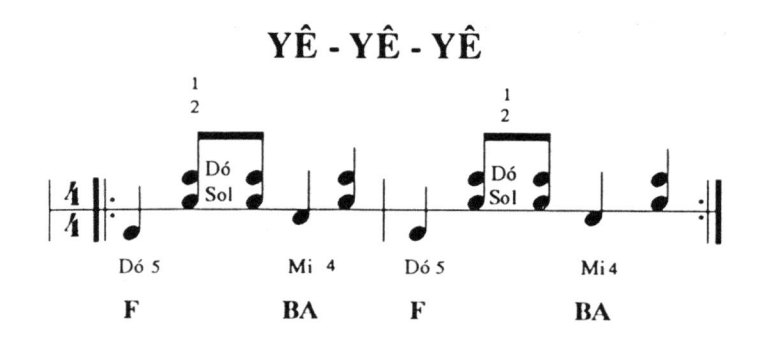

SAMBA CHORO

BOLERO

SAMBÃO

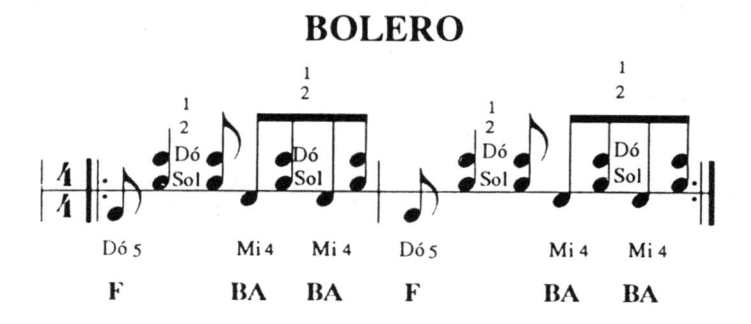

BLUES, FOX e JAZZ

Acentuar bem o 2º e 4º tempo.

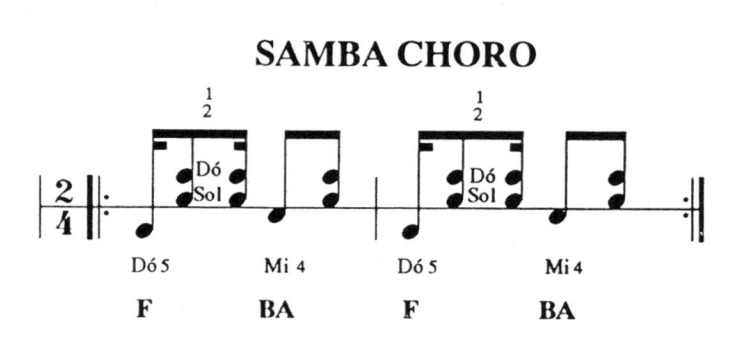

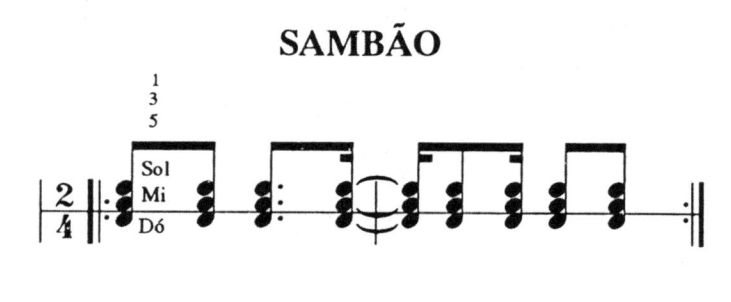

BOSSA NOVA
(1ª Forma)

Há diversas formas mais sincopadas.

SAMBA - CANÇÃO

BOSSA NOVA
(2ª Forma)

O ritmo da Bossa Nova revolucionou o mundo inteiro.

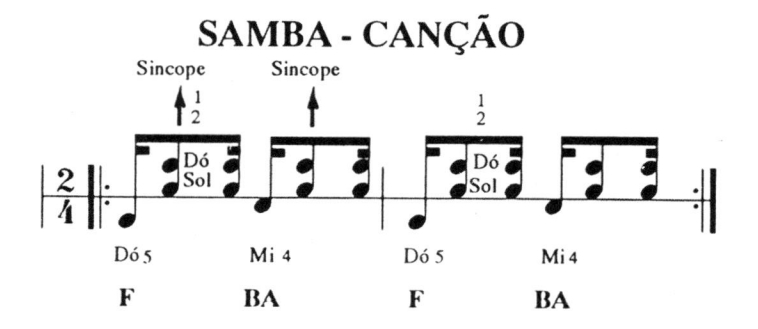

SAMBA MODERNO

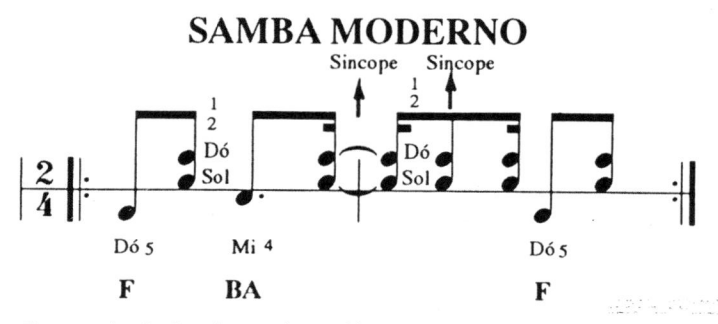

O segredo do Samba está nas Sincopes.

CHACUNDUM

Muito usado na Música jovem. Os dois Tum Tum devem ser bem firmes.

Dicionário de Acordes Cifrados para Teclado

Mão Esquerda

C - DÓ

C	Cm	C5+	Cm5-7	C6	C7
SOL DÓ MI	SOL DÓ MI♭	SOL♯ DÓ MI	SOL♭ SI♭ DÓ MI♭	SOL LÁ DÓ MI	SOL SI♭ DÓ MI

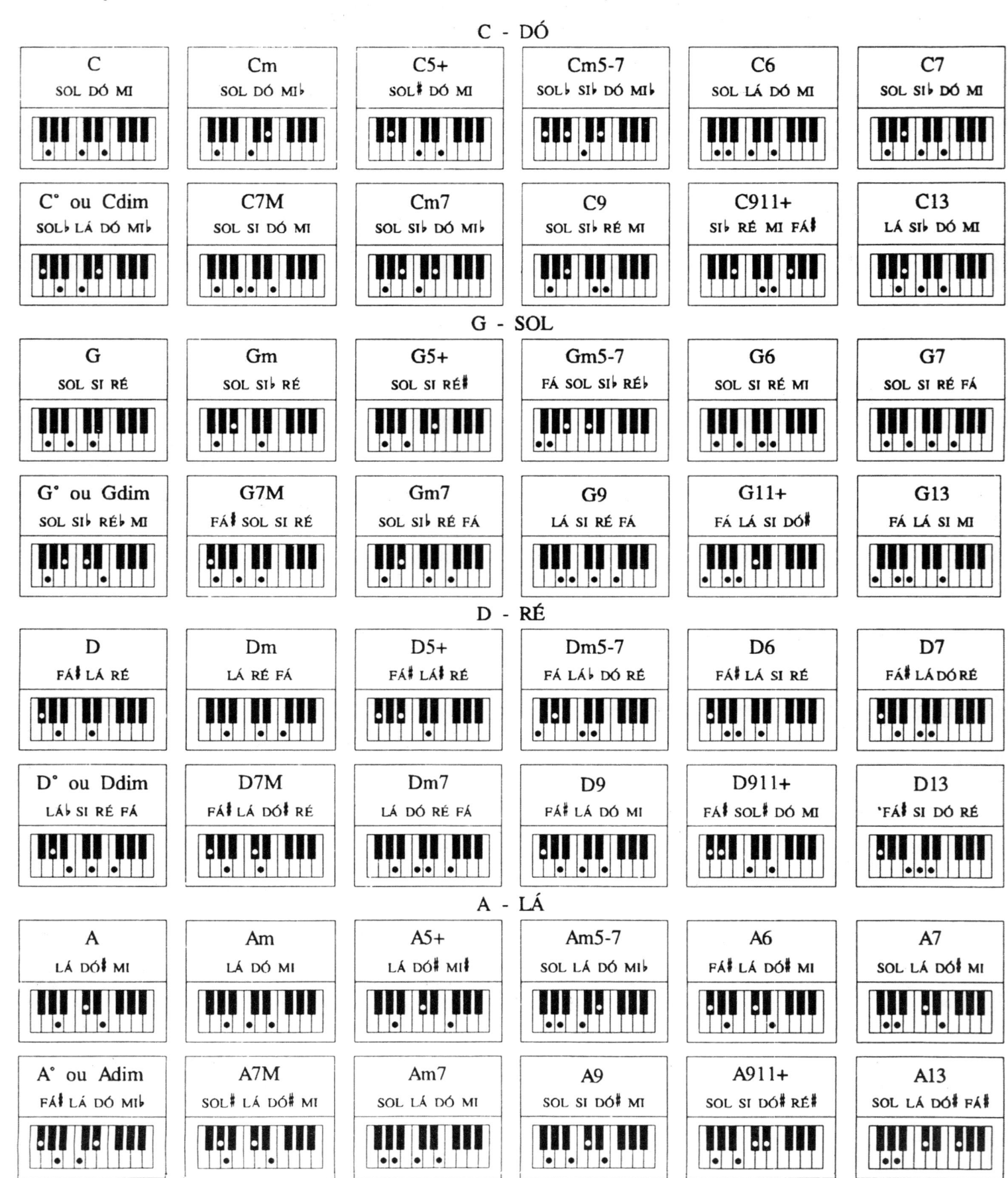

C° ou Cdim	C7M	Cm7	C9	C911+	C13
SOL♭ LÁ DÓ MI♭	SOL SI DÓ MI	SOL SI♭ DÓ MI♭	SOL SI♭ RÉ MI	SI♭ RÉ MI FÁ♯	LÁ SI♭ DÓ MI

G - SOL

G	Gm	G5+	Gm5-7	G6	G7
SOL SI RÉ	SOL SI♭ RÉ	SOL SI RÉ♯	FÁ SOL SI♭ RÉ♭	SOL SI RÉ MI	SOL SI RÉ FÁ

G° ou Gdim	G7M	Gm7	G9	G11+	G13
SOL SI♭ RÉ♭ MI	FÁ♯ SOL SI RÉ	SOL SI♭ RÉ FÁ	LÁ SI RÉ FÁ	FÁ LÁ SI DÓ♯	FÁ LÁ SI MI

D - RÉ

D	Dm	D5+	Dm5-7	D6	D7
FÁ♯ LÁ RÉ	LÁ RÉ FÁ	FÁ♯ LÁ♯ RÉ	FÁ LÁ♭ DÓ RÉ	FÁ♯ LÁ SI RÉ	FÁ♯ LÁ DÓ RÉ

D° ou Ddim	D7M	Dm7	D9	D911+	D13
LÁ♭ SI RÉ FÁ	FÁ♯ LÁ DÓ♯ RÉ	LÁ DÓ RÉ FÁ	FÁ♯ LÁ DÓ MI	FÁ♯ SOL♯ DÓ MI	'FÁ♯ SI DÓ RÉ

A - LÁ

A	Am	A5+	Am5-7	A6	A7
LÁ DÓ♯ MI	LÁ DÓ MI	LÁ DÓ♯ MI♯	SOL LÁ DÓ MI♭	FÁ♯ LÁ DÓ♯ MI	SOL LÁ DÓ♯ MI

A° ou Adim	A7M	Am7	A9	A911+	A13
FÁ♯ LÁ DÓ MI♭	SOL♯ LÁ DÓ♯ MI	SOL LÁ DÓ MI	SOL SI DÓ♯ MI	SOL SI DÓ♯ RÉ♯	SOL LÁ DÓ♯ FÁ♯

Dicionário de Acordes Cifrados para Teclado

Mão Esquerda

E - MI

E	Em	E5+	Em5-7	E6	E7
SOL# SI MI	SOL SI MI	SOL# SI# MI	SOL SIb RÉ MI	SOL# SI DÓ# MI	SOL# SI RÉ MI

E° ou Edim	E7M	Em7	E9	E911+	E13
SOL SIb DÓ# MI	SOL# SI RÉ# MI	SOL SI RÉ MI	FÁ# SOL# SI RÉ	SOL# LÁ RÉ MI	RÉ MI SOL# DÓ#

B - SI

B	Bm	B5+	Bm5-7	B6	B7
FÁ# SI RÉ#	FÁ# SI RÉ	FÁx SI RÉ#	LÁ SI RÉ FÁ	FÁ# SOL# SI RÉ#	FÁ# LÁ SI RÉ#

B° ou Bdim	B7M	Bm7	B9	B911+	B13
SOL# SI RÉ FÁ	FÁ# LÁ# SI RÉ#	FÁ# LÁ SI RÉ	FÁ# LÁ DÓ# RÉ#	LÁ DÓ# RÉ# FÁ	LÁ SI RÉ# SOL#

F# - FÁ# igual a Gb - SOLb

F#	F#m	F#5+	F#m5-7	F#6	F#7
FÁ# LÁ# DÓ#	FÁ# LÁ DÓ#	FÁ# LÁ# DÓx	FÁ# LÁ DÓ MI	FÁ# LÁ# DÓ# RÉ#	FÁ# LÁ# DÓ# MI

F#° ou F#dim	F#7M	F#m7	F#9	F#911+	F#13
FÁ# LÁ DÓ MIb	FÁ# LÁ# DÓ# MI	FÁ# LÁ DÓ# MI	SOL# LÁ# DÓ# MI	SOL# LÁ# DÓ MI	MI FÁ# LÁ# RÉ#

F - FÁ

F	Fm	F5+	Fm5-7	F6	F7
LÁ DÓ FÁ	LÁb DÓ FÁ	LÁ DÓ# FÁ	FÁ LÁb SI MIb	LÁ DÓ RÉ FÁ	LÁ DÓ MIb FÁ

F° ou Fdim	F7M	Fm7	F9	F911+	F13
LÁb SI RÉ FÁ	FÁ LÁ DÓ MI	LÁb DÓ MIb FÁ	SOL LÁ DÓ MIb	SOL LÁ SI MIb	MIb FÁ LÁ RÉ

Dicionário de Acordes Cifrados para Teclado

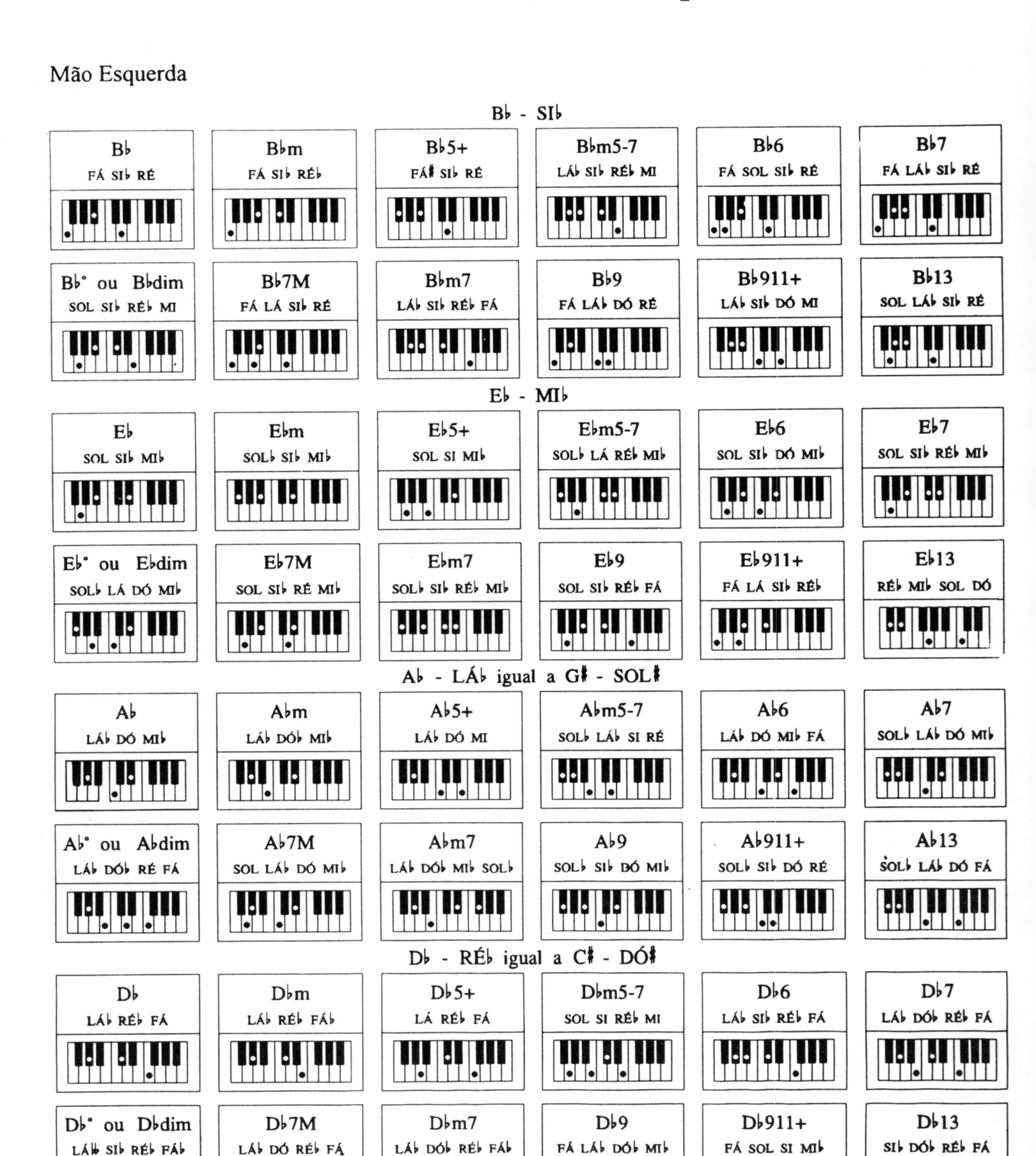

Mão Esquerda

Bb - SIb

Bb	Bbm	Bb5+	Bbm5-7	Bb6	Bb7
FÁ SIb RÉ	FÁ SIb RÉb	FÁ# SIb RÉ	LÁb SIb RÉb MI	FÁ SOL SIb RÉ	FÁ LÁb SIb RÉ

Bb° ou Bbdim	Bb7M	Bbm7	Bb9	Bb911+	Bb13
SOL SIb RÉb MI	FÁ LÁ SIb RÉ	LÁb SIb RÉb FÁ	FÁ LÁb DÓ RÉ	LÁb SIb DÓ MI	SOL LÁb SIb RÉ

Eb - MIb

Eb	Ebm	Eb5+	Ebm5-7	Eb6	Eb7
SOL SIb MIb	SOLb SIb MIb	SOL SI MIb	SOLb LÁ RÉb MIb	SOLb SIb DÓ MIb	SOL SIb RÉb MIb

Eb° ou Ebdim	Eb7M	Ebm7	Eb9	Eb911+	Eb13
SOLb LÁ DÓ MIb	SOL SIb RÉ MIb	SOLb SIb RÉb MIb	SOL SIb RÉb FÁ	FÁ LÁ SIb RÉb	RÉb MIb SOL DÓ

Ab - LÁb igual a G# - SOL#

Ab	Abm	Ab5+	Abm5-7	Ab6	Ab7
LÁb DÓ MIb	LÁb DÓb MIb	LÁb DÓ MI	SOLb LÁb SI RÉ	LÁb DÓ MIb FÁ	SOLb LÁb DÓ MIb

Ab° ou Abdim	Ab7M	Abm7	Ab9	Ab911+	Ab13
LÁb DÓb RÉ FÁ	SOL LÁb DÓ MIb	LÁb DÓb MIb SOLb	SOLb SIb DÓ MIb	SOLb SIb DÓ RÉ	SOLb LÁb DÓ FÁ

Db - RÉb igual a C# - DÓ#

Db	Dbm	Db5+	Dbm5-7	Db6	Db7
LÁb RÉb FÁ	LÁb RÉb FÁb	LÁ RÉb FÁ	SOL SI RÉb MI	LÁb SIb RÉb FÁ	LÁb DÓb RÉb FÁ

Db° ou Dbdim	Db7M	Dbm7	Db9	Db911+	Db13
LÁbb SIb RÉb FÁb	LÁb DÓ RÉb FÁ	LÁb DÓb RÉb FÁb	FÁ LÁb DÓ MIb	FÁ SOL SI MIb	SIb DÓb RÉb FÁ

Como encontrar músicas para o seu Teclado

Faça o seu Belo Repertório

Assim que você terminar este livro, não precisa se preocupar como encontrar mais músicas para tocar no seu Teclado.

Basta seguir as orientações abaixo, que terá o melhor repertório possível, tanto de Músicas Populares Brasileiras e Estrangeiras como Músicas Clássicas facilitadas.

Obras de Mário Mascarenhas, ótimas para serem tocadas no Teclado:

1- O Melhor da Música Popular Brasileira - 800 músicas em 8 volumes com 100 sucessos em cada um.
2- O Melhor da Música Internacional - As mais belas músicas estrangeiras, temas de filmes, etc.
3- É Fácil Tocar por Cifras - método popular para cinco instrumentos, com belíssimo repertório, ensinando tudo o que você precisa saber sobre Cifras!
4- 120 Músicas Favoritas para Piano - com as mais lindas Músicas Clássicas Favoritas Facilitadas, em 3 volumes. Obra muito importante e de enorme sucesso!
5- O Tesouro do Pequeno Pianista - com Músicas Clássicas e Folclóricas Facilitadas.
6- Método de Órgão Eletrônico - obra de grande valor, muito usada pelos tecladistas. São dois livros num só: 1ª Parte com Curso Básico (fácil) apresentando lindas músicas para principiantes e 2ª Parte para os mais avançados.

Atenção

Todas estas músicas são para Piano, isto é, nas Claves de Sol e de Fá, mas você deve esquecer completamente a Clave de Fá. Olhe somente para a Clave de Sol (mão direita) e para as Cifras (mão esquerda), como são feitos os arranjos deste livro. A seu critério, use os recursos automáticos do seu Teclado.

Tenho certeza que você vai sentir-se realizado com este repertório!

É Fácil Tocar por Cifras!

Terminando o "Método Rápido para Tocar Teclado", não deixe de adquirir o método "É Fácil Tocar por Cifras". Esta é uma obra para Piano Popular, com belíssimo repertório, que é justamente o que você está precisando: mais músicas!

"É Fácil tocar por Cifras" foi escrito somente na Clave de Sol, sem a Clave de Fá. O acompanhamento foi apresentado por Tecladinhos e Gráficos de Percussão, mas você não deve olhar para nada disso. Só olhe para a Clave de Sol e toque as Cifras pelo Dicionário de Acordes Cifrados para Teclado que você já tem no seu Método Rápido para Tocar Teclado. Toque com a mão esquerda, os Acordes Parados como se fosse um livro para Teclado.

Dados Internacionais de Catalogação na Publicação (CIP)
(Câmara Brasileira do Livro, SP, Brasil)

Mascarenhas, Mário
  Método rápido para tocar teclado de ouvido e por música : solos para teclado, 2º volume / Mário Mascarenhas.
São Paulo : Irmãos Vitale

ISBN 85-85188-46-4
ISBN 978-85-85188-46-7

1. Música - Estudo e ensino 2. Teclado - Música I. Título.

97-1667   CDD- 786.07

Indices para catálogo sistemático:

1. Teclado : Estudo e ensino : Música   786.07
2. Teclado : Método : Música   786.07